reinhardt

Ernst Reinhardt

Zeichnungen
von Rudolf Mirer

Woher? – Wohin?

Aphorismen zu Lebensfragen

Friedrich Reinhardt Verlag

Für
Margrit
Christina
Didier und Ariane
Lionel und Elena

Alle Rechte vorbehalten
© 2021 Friedrich Reinhardt Verlag, Basel
Projektleitung: Alfred Rüdisühli
Umschlag und Zeichnungen: Rudolf Mirer
ISBN 978-3-7245-2414-4

www.reinhardt.ch

Der Friedrich Reinhardt Verlag wird vom
Bundesamt für Kultur mit einem Strukturbeitrag
für die Jahre 2021–2024 unterstützt.

Jeden Tag seines Lebens eine feine kleine Bemerkung einfangen – wäre schon genug für ein Leben.

Christian Morgenstern

Inhalt

Liebe und Partnerschaft

Eine Partnerschaft gründet sich auf das, was beide gemeinsam haben, aber sie wächst an dem, worin sie verschieden sind.

Die Anziehung in der Liebe wirkt nur, wenn man sich nicht aneinanderklammert.

Wenn sich in einer Beziehung nur *ein* Partner entwickelt, ist die Entwicklung der Partnerschaft gefährdet.

Wenn man einen Menschen gern hat, stellt sich nicht die Frage, wie man ihn gern haben möchte.

Die Liebe ist das sichernde Seil auf der Bergtour des Lebens.

Immer mehr Familien beginnen mit dem Zusammenstehen, kämpfen dann um den Zusammenhalt und enden im Zusammenbruch.

Keine Enttäuschung ist so gross wie enttäuschte Liebe.

Die Verführung ist die raffinierteste Führung.

Manche heiraten in ihrem Partner den Menschen,
der er werden soll, und lassen sich scheiden, wenn er
es nicht geworden ist.

In jeder guten Beziehung bedeuten die
Partner füreinander beides: Geborgenheit und
Herausforderung.

In der Sehnsucht nach Liebe sind alle Menschen
gleich, aber im Bedürfnis nach Nähe sind sie
verschieden.

Beziehungen leiden nicht durch Kontroversen, aber
scheitern an Konflikten.

Wenn ein Ehepaar an einem Scheideweg ankommt,
braucht es nicht schon der Scheidungsweg zu sein.

Ehe und Partnerschaft versprechen Wellness, aber
verlangen Training.

Liegt die Spracharmut bei Partnern daran, dass sie
sich zu wenig zu sagen haben oder über zu viel nicht
reden dürfen?

Liebe ist nicht ständige Präsenz beim geliebten Menschen, sondern jederzeit für ihn dazusein.

Wahre Liebe ist die beste Verbindung von Glück und Sinn.

Damit sich eine Beziehung verwirklichen kann, ist es von Vorteil, wenn die Selbstverwirklichung der Partner erfolgt ist.

In jeder Beziehung lauern drei Gefahren: die Probleme jedes Partners mit sich selbst und die von beiden miteinander.

Liebe: Man weiss, was der andere fühlt, aber freut sich, wenn er es sagt.

Je enger eine Beziehung ist, desto mehr Raum braucht sie.

Glück und Erfolg

Günstige Umstände genügen, um Glück zu haben. Aber es braucht eine besondere Fähigkeit, um glücklich zu sein.

Der grösste Erfolg des Menschen ist das Überstehen seiner Misserfolge.

Manchem Erfolglosen winkt noch ein Glück, aber einem Unglücklichen selten ein Erfolg.

Ein Erfolg ist nur dann ein voller Erfolg, wenn er zur rechten Zeit gelingt.

Auf dem Weg des Fortschritts kommt es vor, dass die Menschen an ihren Erfolgen scheitern.

Glück ist ein günstiges Verhältnis zwischen den Ansprüchen und ihrer Erfüllbarkeit.

Um Erfolg zu haben, braucht man die Menge, um Glück zu haben, nur einen einzigen Menschen.

Das Glück ist zwar in der Lage, uns zu überraschen, aber es freut sich über unsere Mitarbeit.

Wir sollten, was uns der Zufall bringt, in die Hand nehmen und nicht, was wir in der Hand haben, dem Zufall überlassen.

Glücklich ist, wer in jedem Lebensalter über die Möglichkeiten verfügt, die seinen Fähigkeiten entsprechen.

Das Unglück des Menschen besteht nicht selten darin, dass er nicht kann, was er will, und nicht will, was er kann.

Ein Aufstieg ist manchmal mehr Gunst des Schicksals als eigenes Verdienst. Ein Abstieg ist meist weniger Ungunst des Schicksals als eigenes Versagen.

Muss man sich bei einer Enttäuschung über das Glück schämen, das einem die Täuschung bereitet hat?

Der durch ein Scheitern erzeugte Trotz kann die Kraft für den Erfolg verleihen.

Das Glück ist oft das, was dem Schicksal ohne unser Dazutun gelingt.

Ein schöner Tag ist ein Wohlklang, aber das Kontinuum eines guten Lebens ergibt eine wohltuende Melodie.

Zu den Voraussetzungen für ein glückliches Leben gehört die Fairness gegenüber sich selbst.

Wenn einer etwas tut, das Anerkennung findet, vermuten immer welche, er habe es nur deshalb getan.

Je mehr ein Künstler mit einem Frühwerk Erfolg hat, desto enttäuschender ist es, wenn er ihn nachher nicht steigert oder wiederholt.

Der Erfolg steht unter Zeitdruck. Das Glück kennt keine Uhr.

Leider werden viele gute Vorsätze zu unbequemen Pflichten, bevor ihre Ausführung Erfolgserlebnisse bringt.

Glück haben ist ein Geschenk, glücklich sein verlangt eigenes Tun.

Herausfordern garantiert kein Hervorbringen.

Beeindruckender als eine Siegesfeier kann die Art sein, wie ein Mensch eine Niederlage trägt.

Was am meisten Neid erregt, ist das Glück, das andere haben, während man es vergeblich selber sucht.

Jeden Tag ein kleiner Erfolg macht glücklicher als einmal ein grosser Coup.

Nur noch Reiche können das sein, was die Menschen ursprünglich waren: Jäger und Sammler.

Ein Happy End macht umso glücklicher, je länger man es herbeigesehnt hat, und erfreut am meisten, wenn man es nicht mehr erwartet hat.

Planung garantiert keinen Erfolg, aber Planlosigkeit einen Misserfolg.

Dreifaches Glück macht grosse Persönlichkeiten: eine geniale Begabung, ein Umfeld, das sie fördert, und ein Publikum, das sie bewundert.

Beim Glück ist der Rechtsweg ausgeschlossen.

Lebenssinn und Lebensstil

Manche erkennen den Sinn ihres Lebens erst, wenn sie feststellen, welcher es gewesen wäre.

Das Leben ist eine Gabe, die man nutzen sollte, statt auf Dreingaben zu warten.

Sicherheit gibt einem Halt, aber legt einen fest.

Wichtiger als *was* man werden will, ist, *wer* man werden will.

In der Lebensbilanz zählt weniger der grosse Coup als die Befriedigung, in jeder Altersphase das Richtige getan zu haben.

Mobilität ist die Kunst, beweglich zu sein und dabei stabil zu bleiben.

Nichts gegen den Zufall, solange einem etwas zufällt und nicht zustösst.

Man darf im Leben nicht immer warten, muss aber immer warten können.

Die wenigsten Menschen geniessen ein Leben, das nur aus Genuss besteht.

Von welchem Leben, das beendet ist, kann man sagen, dass es vollendet sei?

Zu wissen, was man will, ist leichter als zu wissen, was man kann.

Ein Sucher kann zum Finder werden, auch wenn er nicht auf das Gesuchte stösst.

Der Mensch neigt dazu, die Zufälle seines Lebens mit der Zeit als Notwendigkeiten zu betrachten.

Wer sich immer schont, hat eine längere Lebenszeit, aber langweilt sich zeit seines Lebens.

Die höchste Lebensqualität ist nicht erreicht, wenn man es am bequemsten hat, sondern wenn man sich am besten entfalten kann.

Ungleiches Menschenlos: Die einen können leben, um etwas zu tun; die andern müssen etwas tun, um leben zu können.

Wir leben immer länger, aber alles wird immer kurzlebiger.

Was wir uns vornehmen und nicht erfüllen, fordert das Leben als Nachnahme ein.

Nicht jedem, der an sich glaubt, gelingt das Leben. Aber keinem gelingt das Leben, der nicht an sich glaubt.

Jedermann redet von Loslassen und Entspannen, niemand von sinnvoller Aneignung und fruchtbarer Spannung.

Selbst gefundene Regeln empfinden wir als Erleichterung, uns auferlegte als Erschwerung.

Für die grossen Dinge im Leben braucht es Kontinuität, für die kleinen genügen gute Gewohnheiten.

Wir sind stolz auf das, was wir wissen, aber fasziniert von dem, was wir wissen möchten.

Die Sinnlosigkeit lässt nichts entstehen, der Unsinn nichts bestehen.

Die besten Momente im Leben sind die, in denen man ganz sich selbst ist oder sich völlig vergisst.

Eine Lebensaufgabe ist das beste Mittel, im Leben nicht aufzugeben.

Das Leben ist die Aufgabe, zwischen den Zufällen von Geburt und Tod eine sinnvolle Existenz zu führen.

Wir wollen nicht eingespannt sein, möchten aber auch nicht, dass unser Leben beliebig verläuft.

Extremsport: Besteht, wer die Lebensgefahr besteht, auch das Leben?

Die schönsten Dinge im Leben sind die, die nicht nötig, aber auch nicht überflüssig sind.

Die moderne Mobilität schafft einen Lebens*lauf,* aber noch kein Lebens*werk.*

Am meisten schadet uns die Unfähigkeit, unsere Fähigkeiten richtig einzuschätzen und einzusetzen.

Ein Leben, das nur auf Sicherheit gründet, gleicht einem Gemälde im Safe.

Suche nicht nach der Chance deines Lebens, sondern nimm dein Leben als Chance.

Das Leben ist ein Geschenk, dem wir selber den Wert geben.

Was wir erkämpfen und erreichen, ist nicht identisch mit dem, wofür wir geschätzt und geliebt werden.

Es ist schwierig, Vorbilder zu finden, deren Vorsprung an Kräften und Gaben nicht den Elan des Nacheiferns bremst.

Bei mancher Not hilft kein tröstliches Wort, sondern nur das Beispiel eines Menschen, der eine noch grössere Not ausgestanden hat.

Wenn der Verstand einen Vorsatz fasst, spricht das Gefühl oft einen Nachsatz, dem wir folgen.

Vertrauen ist die Brücke, die in vielen Lebenslagen von der Hoffnung zur Erfüllung führt.

Manche Lebensträume erfüllen sich nicht,
aber sie entwickeln Kräfte, um die Wirklichkeit zu
bestehen.

Die wichtigen Taten sind nicht die, die Lob ernten,
sondern die Dankbarkeit erzeugen.

Unser Leben wird weniger von dem bestimmt,
womit wir uns beschäftigen, als von dem, was uns
beschäftigt.

Der Lebensstandard ist daran abzulesen,
auf welchem Niveau die Menschen klagen.

Die Beschleunigung des Lebens ist ein Produkt des
Uhrvertrauens.

Ideale zu verfolgen, macht das Leben menschlich.
Ihre Erfüllung zu erzwingen, macht es unmenschlich.

Manchen geht es nur darum nie gut, weil sie stets auf
Besseres warten.

Take it easy: Man darf das Leben nicht zu schwer
nehmen, aber auch nicht leichter, als es ist.

Wer sich verwirklichen will, muss sich nicht nur von Fremdbestimmung, sondern auch von Selbsttäuschung befreien.

Lebenskunst besteht darin, gute Erlebnisse zu schönen Erinnerungen und schlechte zu wertvollen Erfahrungen werden zu lassen.

Geborgenheit ist nicht die Erfüllung, sondern die Ermöglichung eines guten Lebens.

Was befriedigt mehr: Ein vollendetes Werk schaffen oder etwas ins Leben rufen, das weitergeht?

Auch das Schlechte erfüllt seinen Zweck, aber nur das Gute macht Sinn.

Wer sich in der Mitte des Lebens fragt: War das schon alles?, hat von der ersten Hälfte zu viel erwartet und stellt sich für die zweite zu wenig vor.

Unser Leben wird weniger von dem bestimmt, was wir besitzen, als von dem, was wir erwarten.

Wir müssen zu uns stehen, aber nicht bei uns stehen bleiben.

Bei allem Ordnungssinn, mit dem wir unser Leben gestalten, sollten wir uns bewusst sein, dass es durch seine Unwägbarkeiten ein Abenteuer bleibt.

Nicht die Bilder, die wir sehen, sondern die Bilder, die wir uns machen, prägen unser Leben.

Das Leben enthält nicht nur Herausforderungen, sondern *ist* eine Herausforderung, die es anzunehmen gilt.

Im Leben kann man immer neu anfangen, aber nie von vorne.

Wer sich seinen Zielen nicht nähert, entfernt sich davon.

Die Kunst des Reisens besteht darin, das Fremde zu suchen und sich selbst zu finden.

Lifestyle: der Versuch, das Leben durch geeignete Accessoires in den Griff zu bekommen.

Das Leben als Gabe annehmen, als Aufgabe wahrnehmen und sich etwas zur Weitergabe vornehmen.

Was bedauert man beim Lebensrückblick mehr:
Verpasstes oder Verpatztes?

Jeder Augenblick verlangt unsere volle
Aufmerksamkeit und das richtige Gespür,
was wichtig ist für den Tag und was für das Leben.

Zeit und Zeitgefühl

Manche Leiden heilt die Zeit nicht. Aber sie hilft,
die Heillosigkeit zu ertragen.

Sympathisch an der Mode ist, dass sie nicht
beansprucht, länger als eine Saison zu gelten.

Studienreisen: Menschen, die keine Zeit haben,
besuchen die Kultur derer, die Zeit hatten.

Die Zeit ist das einzige Gut, das man frei gebrauchen,
aber nicht verbrauchen kann.

Für alle Menschen läuft die Zeit gleich. Aber sie
machen davon sehr unterschiedlich Gebrauch.

Eine verpasste Chance kehrt vielleicht wieder,
aber der richtige Zeitpunkt ist vorbei.

Alter: Die Lebenszeit nimmt ab, die Langsamkeit zu.

Es kommt nicht darauf an, womit man seine Zeit
ausfüllt, sondern wofür man sie einsetzt.

Die innere Uhr ist zwar nicht so genau wie die
Zeitmessung, aber sie setzt uns weniger unter Druck.

Zeitdruck kann gut sein, um Handlungen auszulösen,
aber schlecht, um sie auszuführen.

Arbeit und Ruhestand

Wer kreativ tätig ist, redet von gelungenen Werken und nicht von geleisteter Arbeit.

Wer in den Ruhestand tritt, hat plötzlich alle Möglichkeiten, aber vielleicht nicht mehr die eine: sie zu nutzen.

Den einen erscheint der Ruhestand als halber Tod, den andern als doppeltes Leben.

Ruhestand: Der Gewinn an Ruhe braucht nicht mit einem Verlust an Bewegung verbunden zu sein.

Jugend und Alter

Der Mensch braucht in seiner Kindheit viel
Bewahrung, um sich in seinem späteren Leben zu
bewähren.

Wenn man schon reif, aber noch nicht alt ist,
beginnt die schönste Phase des Lebens.

Im Alter sieht man mit Bedauern, was man nicht
mehr ändern kann, aber mit Erleichterung, was man
nicht mehr ändern muss.

Die Chance des Alters ist, die Schnelligkeit aufgeben
zu dürfen und trotzdem in Bewegung zu bleiben.

Im Alter ist das Gedächtnistraining nützlich,
aber das Vergessen-Dürfen tröstlich.

Manche Fehler unserer Eltern erkennen wir erst,
wenn wir sie an unseren Kindern wiederholt haben.

In der Jugend zählt das Erleben, in der Lebensmitte
die Erfahrung und im Alter die Erfüllung.

Ältere Menschen macht man gern jünger aus
Höflichkeit. Entscheidend ist aber, was man ihnen
noch zutraut.

Der Reiz der Kindheit ist, noch nichts kennen zu
müssen, aber alles entdecken zu dürfen.

Man muss von der Naivität der Kindheit
die Unvoreingenommenheit für das Erwachsensein
bewahren.

Wohl dem, der in jeder Altersphase den richtigen
Lebensrhythmus findet.

Reife entsteht, wenn der Verstand zur Vernunft
und das Wissen zur Weisheit wird.

Das Kind staunt über alles, der Erwachsene nur über
das Erstaunliche.

Vielleicht lässt das Gedächtnis im Alter auch darum
nach, weil einem manches nicht mehr so wichtig ist.

Individuum und Gesellschaft

Zwei Kräfte wirken im Menschen: der Wunsch,
wie die andern zu sein, und die Sehnsucht nach
Einzigartigkeit.

Über privaten Unsinn kann man lachen,
gesellschaftlichen Unsinn ist man gezwungen ernst
zu nehmen.

Wahrer Sieger ist nicht, wer Menschen besiegt,
sondern wer sie gewinnt.

Wenn sich genug Menschen die gleiche Illusion
machen, schaffen sie eine Realität.

Den Aufbau von Macht ermöglichen meist
diejenigen, die nachher ihre Opfer werden.

Was zu Unrecht allgemeine Ablehnung erfährt, kehrt
oft unter neuer Bezeichnung wieder.

Offensive in den eigenen Antrieben und Defensive
gegenüber anderen Anstössen führen am schnellsten
zum Ziel, aber vielleicht zum falschen.

Der Individualismus hebt das Bedürfnis nicht auf, dazuzugehören.

Macht: Je mehr die Wirkung des Durchsetzbaren wächst, desto mehr schwindet das Gefühl für das Zumutbare.

Auch wer nichts von der Leistungsgesellschaft hält, hält an ihren Leistungen ihm gegenüber fest.

Wer die Macht hat, hält die Ohnmacht der anderen leicht für Dummheit.

Öffentliche Persönlichkeiten werden von der Mitwelt stark nach ihrem Verhalten, von der Nachwelt stärker nach ihren Verdiensten beurteilt.

Einen guten Ruf kann man leicht verlieren, einen schlechten Ruf dagegen nur schwer loswerden.

Es gibt einen passiven Egoismus, der sich nur für die eigenen Belange interessiert, und einen aktiven Egoismus, der stets das durchsetzen will, was die eigenen Belange betrifft.

Es gibt zwei Arten von Bekanntheit: das Sagen zu haben oder von sich reden zu machen.

Was fällt in einer Gesellschaft unangenehmer auf: nichts zu sagen oder sich nichtssagend zu äussern?

Wenn uns andere zu viel zutrauen, sind sie schliesslich die Enttäuschten. Wenn sie uns zu wenig zutrauen, sind wir es.

Die einen beklagen sich über die Rolle, die sie spielen müssen, die andern darüber, dass sie keine Rolle spielen.

Mut besteht nicht zuletzt darin, von den Ermutigungen und Entmutigungen anderer unabhängig zu sein.

Die grössten Geheimnisse sind nicht die, die wir voreinander haben, sondern die, vor denen wir alle stehen.

Der Drang, sich öffentlich darzustellen, und das Bedürfnis, seine Persönlichkeit zu schützen, halten sich beim Menschen in einem empfindlichen Gleichgewicht.

Wer über sich selbst hinauswächst, wird von allen geachtet. Schwer hat es einer, der über die andern hinauswächst.

Der Ehrgeizige geizt mit etwas, das er noch gar nicht hat.

Wir wollen unsere Ruhe haben oder unsere Unruhe selber wählen.

Freiheit: Man kann tun, was man will.
Selbstverwirklichung: Man will tun, was man kann.

Tun wir nichts gegen einen Missstand, können wir etwas dafür.

Information und Kommunikation

Auch Meinungsverschiedenheiten sind
Berührungspunkte, an denen sich der Zusammenhalt
erproben lässt.

Beim Fernsehen fehlt es nie an Formaten, aber oft
am Format.

Das Gespräch kann vieles heilen, aber nicht die
Unfähigkeit, Stille zu ertragen.

Fragen sind nie falsch, sondern nur ungeschickt
formuliert. Antworten sind bisweilen falsch, aber
geschickt formuliert.

Das Wort kann man nicht ergreifen, nur von ihm
ergriffen werden.

Aus manchen Communiqués ist herauszulesen, was
die Kommunikation *nicht* erbracht hat.

Wer mit Worten spielt, nimmt die Sprache ernst.

Man muss nicht alles sagen, was man denkt,
aber alles bedenken, was man sagt.

Alle haben eine Anschauung durch die Medien,
viele eine Ansicht über die Fakten, wenige eine Sicht
der Dinge.

Wenn wir nichts mehr zu sagen haben,
sprechen wir von dem, was zu reden gibt.

Stich- und Schlagworte: Der Nahkampf findet zum
Glück nur im Verbalen statt.

Schöne neue Kommunikation: Gespräche per Natel,
Besuche im Internet.

Sprachliche Geschlechterrollen: Vaterland suggeriert
Verteidigung, Muttersprache Verständigung.

Durch die Fortschritte der Kommunikation
gibt es weniger Missverständnisse, aber nicht mehr
Verständnis.

Manche Menschen reden ständig darüber, was in
Zukunft sein sollte oder in der Vergangenheit hätte
sein müssen, und verpassen die Gegenwart mit dem,
was ist.

Gute Gespräche setzen sich in Gedanken fort.

Schlagworte bleiben oft über das Verfalldatum hinaus im Verkehr.

Schlechtes braucht nur durchzusickern, um beachtet zu werden. Gutes muss sich durchsetzen.

Fernreisen und Fernsehen: Die Schönheiten fremder Länder erleben wir live, die Probleme am Bildschirm.

Public Relations ist die Aufgabe, nicht nur an seinem Werk, sondern auch an seinem Ruf zu arbeiten.

Politik und Recht

In *einer* Hinsicht ergeht Recht vor Gnade: Die
Verjährung ist garantiert, die Vergebung nicht.

Die Vertrauensfrage wird erst gestellt, wenn das
Vertrauen infrage gestellt ist.

Jede Gewaltherrschaft kann bleibende Schäden
anrichten, aber keine kann bleiben.

In Revolutionen erringen Völker die Freiheit und
Revolutionsführer die Macht.

Was in Kunst, Wissenschaft und Wirtschaft misslingt,
verschwindet spurlos. Was in der Politik misslingt,
wird Geschichte.

Politiker sind Generalisten. Darum stehen sie auch in
einer generellen Kritik.

Der Wert der Demokratie liegt nicht nur in dem, was
sie schafft, sondern auch in dem, was sie verhindert.

Politiker stolpern meist nicht über das, was sie nicht können, sondern über das, was sie nicht (mehr) dürfen.

Das Recht auf Flucht ist das letzte Menschenrecht.

Politische Fehlentscheide müssen korrigiert werden, bevor sie zu historischen Fehlentwicklungen führen.

Was die Macht mit dem macht, der sie ausübt, ist ebenso bedenkenswert wie ihre Wirkung auf den, der ihr untersteht.

Feminismus: Bisher hatten die Männer das Sagen, jetzt haben sie die Absagen.

Was ist Macht über ohnmächtige Untergebene wert?

Nicht wo Wahlen stattfinden, sondern erst wo Abwahlen möglich sind, ist wirkliche Demokratie.

Die Eroberung der Welt ist nicht politischen Strategen, sondern technischen Erfindern gelungen.

Der Macht der Gewohnheit erliegen die Kleinen, der Gewohnheit der Macht die Grossen.

Die Grösse der Mächtigen besteht in dem,
was sie ohne Gewalt zu erreichen vermögen.

Lieber eine Politik, die Opfer fordert, als eine, die
Opfer kostet.

Demokratie: Das Volk lässt herrschen.

Unsere Bemühungen um Gerechtigkeit sind doppelt
wichtig, weil das Schicksal diesen Begriff nicht kennt.

Die Verlierer, die Gutes versuchten, haben der
Menschheit mehr gebracht als die Gewinner im Spiel
um Macht.

Krieg und Frieden

Jeder Krieg zerstört mehr Menschenleben, als er vernichtet.

Ein weiterer Weltkrieg unter Einsatz des heutigen Vernichtungspotenzials ist ebenso schwer denkbar wie eine von Terror und Gewaltakten freie Welt.

Die Angst vor dem grossen Krieg lässt die kleinen Krieger gewähren.

Die Flucht sichert vielen Menschen das Leben, aber nicht die Existenz.

Früher schlossen die Staaten Bündnisse, um sich im Kriegsfall zu helfen. Heute verbünden sie sich, damit der Friedensfall bleibt.

Der Terrorismus raubt vielen Menschen das Leben, allen die Sicherheit.

Früher fand man Sicherheit in Burgen und hinter Stadtmauern. Seither hat die Unsicherheit grosse Fortschritte gemacht.

Begegnung
auf der Weide *

R. WURST 2011

Das grösste Rätsel der Geschichte ist, wie die schlechten Vorwände für Kriege immer wieder über die guten Gründe für Frieden gesiegt haben.

Kriege haben stets durch Einstellungen von gestern und Vorstellungen für morgen die Wirklichkeit von heute zerstört.

In der Schärfe des Terrors bebt die Wut über die Aussichtslosigkeit des Kampfes.

Die Kriegsgeschichte zeigt, wie viel Kreativität der Mensch für Destruktivität eingesetzt hat.

Der Krieg ist nicht die Fortsetzung der Politik mit anderen Mitteln, sondern ihr Konkurs.

Geschichte und Geschichtsschreibung

Die Geschichte gleicht einem Pendel, das nach dem Ausschlag zur einen Seite automatisch zur andern ausschlägt.

Manche, die Geschichte zu schreiben glaubten, wären erstaunt, was die Geschichte über sie schreibt.

Einige erhalten für ihre Taten den verdienten Nachruhm, andere erwartet für ihre Untaten die posthume Unrühmlichkeit.

Aus der Geschichte erfahren wir, was gescheitert ist. Aber wir erfinden stets Neues, das sich zum Scheitern eignet.

In der Geschichte haben nicht ernst genommene Menschen immer wieder eine nicht ernst genommene Gefahr dargestellt.

Homo sapiens: Der weise Mensch hat zwar alle früheren Gattungen überlebt, aber verdient er die Auszeichnung seines Namens?

Das Erstaunliche am Mythos ist, dass er keine Geschichte, aber eine Wirkungsgeschichte hat.

Gewalt kann sich nicht dauernd halten. Aber wenn eine aufhört, ruft sie der nächsten.

Die Geschichte verlieh den Ehrentitel der Grösse für Kriegstaten, nicht für Friedensschlüsse.

Gegenwart und Zukunft

Letztlich müssen wir alles nehmen, wie's kommt.
Aber wir haben ein Mitspracherecht, wie's kommen
soll.

Früher war es das Ziel der Eltern, dass die Kinder es
einmal besser haben sollten. Heute bemühen sie sich,
ihnen die Welt so zu übergeben, dass es ihnen nicht
schlechter geht.

Je mehr wir die Zukunft der Erde bedenken, desto
mehr kommen uns Bedenken.

Innovationen sollen Traditionen ablösen. Aber keine
Innovation hält sich, wenn sie nicht zur Tradition
wird.

Die einzige Hoffnung für die Erde besteht darin,
dass es der Menschheit gelingt, mehr Probleme zu
lösen als auszulösen.

Um seine Existenzprobleme zu lösen, schuf der
Mensch die Zivilisation, deren Probleme nun
ihrerseits seine Existenz gefährden.

Wenn der Fortschritt Neues bringt, wird das Alte
entweder verdrängt oder als klassisch gefeiert.

Der technische Fortschritt nahm den Menschen
immer mehr Arbeit ab. Heute ist es so weit, dass er
sie ihnen wegnimmt.

Wir haften für unsere Vergangenheit,
aber wir müssen nicht daran haften bleiben.

Die Zukunft ist nicht, was auf uns zukommt,
sondern worauf wir zugehen müssen.

Früher musste man das Wissen noch präsent haben,
heute wird es einem elektronisch präsentiert.

Die beste Erfindung ist die mit dem besten Schutz
vor Missbrauch.

Das Fortschreiten der Krankheiten holt immer
wieder die Fortschritte des Gesundheitswesens ein.

Wirtschaft und Globalisierung

Finanzkrise: Das Geld, das für die Banken arbeiten sollte, hat die Arbeit niedergelegt.

Das Beste an der Globalisierung ist, dass die zusammengerückte Welt nicht gegen sich selbst Krieg führen kann.

Die Erde ist universal gesehen ein Wunder, global gesehen ein Problem.

Geld ist das beste Mittel – leider zu jedem Zweck.

Globales Kultur- und Naturerbe: die Welt als Erbengemeinschaft.

Die Werbung verführt uns, neue Dinge zu gebrauchen, bis wir sie zu brauchen glauben.

An der Wertschöpfung arbeiten die meisten Menschen. Die Abschöpfung der Werte besorgen nur wenige.

Globalisierung: Was drückt uns mehr,
die grössere Verantwortung oder die grössere
Abhängigkeit?

Die Kleinen ermöglichen mit ihrer Arbeit die
Finanzspiele der Grossen, durch die sie oft ihre
Arbeit verlieren.

Sozialer Wandel: Heute leben nur noch die wenigsten
Menschen vom Dienen, aber die meisten von der
Dienstleistung.

Natur und Kultur

Biodiversität: Die Vielfalt der Natur muss geschützt werden vor der Einfalt des Menschen.

Die Perfektion in der Kunst ist die vollkommene Balance zwischen der Freiheit der Kreativität und dem Gesetz der Ästhetik.

Selbst entdeckte Schönheiten sind schöner als jene, die man gezeigt bekommt.

Vielen Künstlern ist ihr Lebenswerk besser gelungen als ihr Leben.

Naturkatastrophen: Die Erde geht von der Evolution zur Revolution über.

Wenn eine Geschichte wahr ist, sagt das nichts über ihre Qualität aus. Aber man nimmt sie ernster, wenn sie von einem Ernstfall handelt.

Für Künstler sind die Preise, die sie erhalten, weniger wichtig als die Preise, die sie erzielen.

x·m Konzert /R. M✗✗ 2009

Beim Kunstwerk kommt es darauf an, was es dem
Publikum zutraut, nicht was es ihm zumutet.

Farben und Töne wecken Emotionen, Worte
evozieren Gedanken.

Gott und die Welt

Gottesstaat: Gott hat es nicht nötig, dass man mit ihm Staat macht.

Grösser als jedes Gottvertrauen ist Gottes Vertrauen in den Menschen.

Gott ist eine höhere Instanz, die wir anrufen, bei der wir aber keine Berufung einlegen können.

Gebet: Dein Reich, nicht dein Staat komme.

Gott lässt sich ansprechen, aber nicht in Anspruch nehmen.

Die Frage ist nicht, was Gott beim Menschen zulässt, sondern was er ihm zutraut.

«Macht euch die Erde untertan!» Letztlich unterwirft sie uns ihren Regeln.

Die Biblischen Geschichten sind Stoff für Sonntagsschulen, aber sie haben grosse Räume und lange Zeiten geprägt.

Francesco

Die Religionen haben viele Kulturgüter geschaffen,
aber auch im Streit zerstört.

Welches Wort sagt uns die Bibel so oft wie die
Aufforderung «Fürchtet euch nicht!»?

Psychologisches und Philosophisches

Die Spiegel, die uns andere vorhalten, sind stets in deren Rahmen gefasst.

Je unbeherrschter ein Mensch ist, desto mehr beherrscht er die andern.

Die Eifersucht findet stets einen Anlass, auch wenn es keinen Grund gibt.

Entbehrungen erträgt der Mensch leichter als seine Entbehrlichkeit.

Man muss sich wichtig sein, nicht wichtig nehmen.

Am meisten schadet uns die Unfähigkeit, unsere Fähigkeiten richtig einzuschätzen und einzusetzen.

Coolness: emotionales Energiesparen.

Der Sieg über sich selbst ist der einzige, bei dem es keinen Verlierer gibt.

Sachzwänge sind unausweichlich. Es fragt sich nur, wie zwingend die Sachen sind.

Das Gefühl der Macht verdrängt das Bewusstsein der Verantwortung.

Ein Talent muss sich nur auf *einem* Gebiet bewähren, ein Charakter auf allen.

Loslassen: Etwas niederlegen können, ohne es als Niederlage betrachten zu müssen.

Der Glaube braucht doppelt so viele Gründe wie der Zweifel.

Wer Dinge gewaltsam durchsetzt, muss sich immer mehr auf die Aufrechterhaltung der Gewalt konzentrieren.

Viele können nur loslassen, was sie loswerden wollen.

Das Böse ist nicht stärker als das Gute, aber freier in der Wahl seiner Mittel.

Nicht zu verstehen, ist schlimm; nicht verstanden zu werden, noch schlimmer.

Die Selbstverwirklichung schliesst nicht aus,
dass man ein anderer wird, als man gedacht hat.

Stärke beginnt damit, dass man seine Schwächen
eingesteht.

Utopie: Es muss ein unerreichbares Ziel geben,
damit wir nie aufhören, unterwegs zu sein.

Vergebung entlastet nicht nur den, der sie erhält,
sondern auch den, der sie gewährt.

Was wir vergessen haben, kehrt oft nicht zurück.
Was wir vergessen möchten, bleibt uns stets.

Freiheit und Sicherheit sind zwei Grundbedürfnisse
des Menschen, die sich nicht ausschliessen, aber
begrenzen.

Freiheit heisst nicht, jegliche Bindung zu meiden,
sondern alle Bindungen frei wählen zu können, die
man eingehen will.

Esoterik: Wir geniessen die Spannung des
Geheimnisvollen, wenn sie die Ordnung der
Wirklichkeit nicht stört.

Gleichgewicht - X

P. UNKG
2009

Ob wir in der besten aller Welten leben, lässt sich nicht sagen, weil der Mensch sie noch nie auf die beste aller Arten genutzt hat.

Nicht nur das Tun, auch das Lassen kann egoistisch sein.

Zweifel sind gut, wenn sie sich nicht zu sehr auf den Zweifler selbst beziehen.

Wenn wir glauben, sind wir der Erfüllung näher, als wenn wir hoffen. Aber bleibt sie aus, ist die Enttäuschung grösser.

Wenn uns *etwas* enttäuscht, war es ein Irrtum. Wenn uns *jemand* enttäuscht, ist es ein Verlust.

Optimismus und Pessimismus können den Gang der Dinge nicht lenken, aber sie bestimmen das Gespräch.

Wir sind weniger in Gefahr, den Verstand zu verlieren, als bei vollem Verstand die Vernunft zu vergessen.

Die grösste Hoffnung bewirkt nicht so viel wie die kleinste Tat.

Glücklich, wer von Leidenschaft erfüllt ist,
unglücklich, wer von ihr getrieben wird.

Der Wert eines Menschen liegt nicht in dem, was er
hat, sondern in dem, was er gibt.

Nichts kann so tief beglücken und so schwer verletzen
wie die Sprache.

Wichtig ist, was wir kennen; wichtiger, was wir
erkennen; am wichtigsten, wozu wir uns bekennen.

Wir erwarten vom Traum, dass er uns das
Unerfüllte bereithält, aber erleben, dass er uns das
Unverarbeitete vorhält.

Es gibt Nöte, aus denen man uns heraushelfen muss,
und solche, die uns selber weiterhelfen.

Vertrauen ermöglicht, was man erhofft. Misstrauen
schützt vor dem, was man befürchtet.

Es ist erstaunlich, wie viel Erholung der Schlaf bietet,
obwohl in ihm das Unterbewusstsein rumort.

Verhaltensweisen und Umgangsformen

Gerüchte verurteilen schneller als Gerichte.

Gewalt kann sich nicht dauernd halten. Aber wenn eine aufhört, ruft sie der nächsten.

Wer die Würde eines Menschen antastet, hat die seine schon verloren.

Wer einem Schuldigen nicht vergeben kann, sollte ihm nicht auch noch die Chance eines Neubeginns verwehren.

Die meisten Menschen lernen gerne, aber lassen sich nicht gerne belehren. Es ist ein Unterschied, ob man etwas wissen möchte oder wissen sollte.

Unter Menschen, die uns nicht gut wollen, kann uns nichts Gutes gelingen.

Manche halten es für Treue sich selbst gegenüber, wenn sie andern gegenüber unversöhnlich sind.

Es ist immer richtig, für die andern das Beste zu wollen. Aber ist es immer richtig, was wir für das Beste halten?

Es ist ein kleiner Unterschied von grosser Bedeutung, ob man gebraucht oder benützt wird.

Wenn du einen Menschen beurteilst, prüfe seine guten und schlechten Seiten. Bevor du ihn aber verurteilst, betrachte nochmals die guten.

Prominente werden nach ihren Leistungen bezahlt, aber nach ihrem Verhalten beurteilt.

Nicht zu wissen, wer wir sind, ist die beste Chance für andere, uns zu dem zu machen, was sie wollen.

Manche Menschen schrecken vor einem Kompromiss zurück aus Angst, nachher kompromittiert zu sein.

Was macht mehr Freude: beim andern Entsprechungen zu unserem eigenen Denken zu entdecken oder neue Gesichtspunkte kennenzulernen?

Wir kritisieren bisweilen an andern Eigenschaften, die wir selber haben, die uns aber an uns nicht stören.

Freiheit muss man erkämpfen, Freiheiten kann man
sich nehmen.

Kritik an dem, was einer *tut,* ist ein Urteil.
Kritik an dem, was einer *ist,* ist eine Verurteilung.

Nicht alles, was wir versäumt haben, müssen wir
bedauern, nur was wir andern schuldig geblieben
sind.

Der Mensch muss sein Verhalten nach den andern
richten und dabei seine eigene Haltung bewahren.

Wir müssen nicht alles glauben, was uns gesagt wird,
aber sollten alles glauben, was wir andern sagen.

Kein Herzschrittmacher bewirkt, dass das Herz auch
für andere schlägt.

Humor ist eine Äusserung des Geistes, Heiterkeit ein
Ausdruck des Gefühls.

Einen Glauben kann man verlieren und wieder
finden. Der Verlust der Glaubwürdigkeit ist endgültig.

Streitkultur: So streiten, dass es eine Verständigung
gibt und keine Versöhnung braucht.

Die verlässlichste Gemeinschaft ist die
Notgemeinschaft.

Wo humanes Verhalten fehlt, müssen humanitäre
Aktionen helfen.

Auch der gibt andern etwas, der sie zu nehmen weiss.

Heimat ist der Ort, der uns nicht nur Geborgenheit,
sondern auch Aufbruch und Rückkehr gewährt.

An etwas Anstoss zu nehmen, ist eine gute
Voraussetzung dafür, einen Anstoss zu geben.

Menschliches und Allzumenschliches

Was wir fordern, muss sofort geschehen. Was von uns gefordert wird, suchen wir aufzuschieben.

Berufsberatung, Eheberatung, Steuerberatung, Unternehmensberatung: Wir sind immer ratloser, aber immer lückenloser beraten.

Was wir immer schon tun wollten, kann auch immer noch warten.

Wenn sich ein Pessimist geirrt hat, fällt es ihm bisweilen schwer, Freude statt Recht zu haben.

Es gibt stets mehr Gründe zum Abwarten als zum Handeln.

Mancher hält an seinen Grundsätzen fest, weil er keine anderen geprüft hat.

Wahre Menschlichkeit besteht aus der Kunst, sowohl in sich zu gehen als auch aus sich herauszugehen.

Wer Perfektion anstrebt, ist unbeliebt. Wer sie erreicht hat, wird bewundert.

Wir lassen uns leiten von dem, was wir gern haben, und verleiten von dem, was wir gern hätten.

Manche gehen, wenn etwas zu scheitern droht, statt zu einer letzten Anstrengung schon zum Galgenhumor über.

Wer keine Worte verlieren will, hat sie oft noch gar nicht gefunden.

Der Zeitdruck ist der beste Ansporn für Leistungen und die beste Ausrede für Fehlleistungen.

Alles wahrnehmen, aber nicht alles für wahr nehmen!

Viele wollen nicht zur Ruhe kommen, um nicht erledigen zu müssen, was sie für eine Phase der Ruhe aufgeschoben haben.

Das Schlechte lässt sich nicht verdrängen, solange es attraktiver ist als das Gute.

Die Proletarier aller Länder konnten sich nicht vereinigen. Den Aktionären ist es ein Leichtes.

Wir lassen uns gerne anregen, aber regen uns nicht immer danach.

Antonio

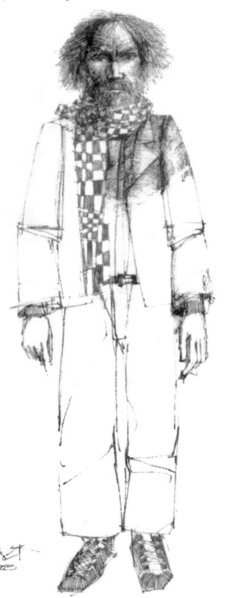

Die Begeisterung für ein fragwürdiges Ideal
kann mehr in Gang setzen als die Annahme der
unvollkommenen Realität.

Rechtschreibung: Wenn genug Menschen den
gleichen Fehler machen, wird daraus eine neue
Regel.

Selbst gefundene Regeln empfinden wir als
Erleichterung, uns auferlegte als Erschwerung.

Die Menschlichkeit ist nie so stark, wie wenn sie von
der Unmenschlichkeit herausgefordert wird.

Die grössten Dummheiten passieren, wenn wir uns
selbst überlisten wollen.

Gutgläubigkeit ist eine wertvolle Lebenskraft, wenn
sie der Gefahr der Leichtgläubigkeit entgeht.

Jede berechtigte Kritik wird sofort geäussert,
aber ein angebrachtes Lob selten ausgesprochen.

Wer jeden Tag so nimmt, als ob es der letzte wäre,
tut sich schwer, etwas Neues zu beginnen.

Manche Menschen, die Ehrenämter annehmen,
überschätzen die Ehre und unterschätzen das Amt.

Die Gefahr des Versagens ist am grössten bei Dingen,
die einem zu schwer oder zu leicht fallen.

Hinter dem Traum ewiger Jugend steckt oft die
Realität ewiger Unreife.

Wir können nur entsorgen, was uns Umstände macht,
nicht was uns Sorgen bereitet.

Es ist schön, sich zu zerstreuen, aber schlecht,
zerstreut zu sein.

Die Fehler sind am schwersten entschuldbar, die
durch unbehobene Mängel entstehen.

Mit Schulden lebt es sich besser als mit einer Schuld.

Es ist immer schmerzlich, wenn man Mitmenschen
enttäuscht. Aber nicht weniger betrübt die
Erfahrung: Am meisten enttäuscht man sich selbst.

Streiten kann ein Problem lösen helfen. Aber manchmal ist am Schluss nur der Streit beendet und nicht das Problem.

Es gibt weniger Menschen, die das Böse wollen, als solche, die mit bösen Mitteln für das kämpfen, was sie für das Gute halten.

Flexibilität: Es muss nicht auf Biegen und Brechen gehen. Auf Biegen genügt.

Über sich selbst lachen zu können, bewahrt vor unfreiwilliger Komik.

Viele Menschen sind mit wenig zufrieden, weil ihnen die Ausschöpfung ihrer Möglichkeiten zu mühsam ist.

Sprichwörter und Redensarten

Freistellung: Euphorischer Ausdruck für eine Situation, in der dem Betroffenen nichts mehr freigestellt ist.

Der Klügere gibt nach – gut bei privaten Streitigkeiten, schlecht bei politischen Entscheidungen.

Den aufrechten Gang hat der Mensch schon als Kleinkind gelernt, aber er macht ihm noch als Erwachsenem zu schaffen.

Etliche vollendete Tatsachen sind weder vollkommen noch beendet.

Nichts ist so krankheitsanfällig wie der gesunde Menschenverstand.

Zeit ist Geld – bis zu einem gewissen Vermögen. Dann ist Geld Zeit.

Geld regiert die Welt – vorhandenes und fehlendes.

Requiescat in pace, wird dem Toten gewünscht.
Wenn doch ein Vorbezug von Ruhe und Frieden im
Leben möglich wäre!

Recht und billig ist, was von selbst stimmt. Sobald es
Rechtshilfe braucht, wird es teuer.

Survival of the fittest: Manche Menschen betreiben
die Fitness so, als ginge es ums Überleben.

Wo die Liebe hinfällt, wird sie oft mit der Zeit
hinfällig.

Der Weg ist das Ziel, aber was weist den Weg?

Wenn einer auspackt, kommt meist schmutzige
Wäsche zum Vorschein.

Für einige ist die letzte Ehre die erste, und auch die
erleben sie nicht.

Armer Teufel: Gemeint ist ein armer Kerl. Der Teufel
hat reiche Beute.

Aphorismen und Aphoristiker

Der Aphorismus will nicht Fakten festhalten, sondern an ihnen Tendenzen ablesen.

Der Aphorismus will nicht Wissen vermitteln, sondern Bewusstsein wecken.

Der Aphorismus drückt sich stets allgemein aus und überlässt es dem Leser, den Grad seiner Betroffenheit zu erkennen.

Der Aphoristiker braucht den Mut, alle Lebensfragen und Weltprobleme aufzugreifen, und die Bescheidenheit, keine Lösungen zu wissen.

Ernst Reinhardt (°1932) studierte nach einer Buchhandelsausbildung in Basel Publizistik und Germanistik in München und Wien. Es folgten ein Verlagspraktikum in Gütersloh und ein Zeitungsvolontariat in Dortmund. 1960 trat er in den Friedrich Reinhardt Verlag in Basel ein, den er von 1966 bis 1997 leitete. Schon immer nebenher publizistisch tätig, widmet er sich heute freier Publizistik. Er war Mitgründer des Literarischen Forums Basel und des Deutschschweizerischen PEN-Zentrums, denen er einige Jahre vorstand.

Der Bündner **Rudolf Mirer** (°1937) war nach seiner Ausbildung an der Kunstgewerbeschule in St. Gallen Entwerfer von Stoffdrucken. Zwei Jahre in der Schweizergarde des Vatikans ermöglichten ihm die Begegnung mit der Kunststadt Rom. Nach seiner Rückkehr in die Schweiz war er als freier Maler und Grafiker tätig. Er hat Bildwerke in Kirchen und Kapellen geschaffen, sich als Künstler in den Dienst des Schweizer Sports gestellt und ist durch Arbeiten für die UNO in New York international bekannt geworden.

Neue Gedankensprünge von Ernst Reinhardt

Ernst Reinhardt
Neue Gedankensprünge
Aphorismen
96 Seiten, kartoniert
mit Illustrationen von Rudolf Mirer
CHF 19.80
ISBN 978-3-7245-1671-2

Neben ironischen Bemerkungen zum Menschlich-Allzu-
menschlichen jeder Zeit zielten schon die vergriffenen
«Gedankensprünge» erfolgreich ins Heute. Auch dieser
Folgeband richtet den Blick auf die Gegenwart mit ihren
Fragen im individuellen Bereich und im Zusammenleben
der Gesellschaft. Offen, aber mit Humor wird an vielen
Zu- und Missständen Kritik geübt, doch gleichzeitig nach
Ansätzen gesucht, wie der Weg aus den aktuellen Sorgen in
eine freundliche Zukunft verlaufen könnte. Mit spitzer Feder
formulierte und illustrierte Anstösse zum Nachdenken über
den eigenen Weg und über die Welt.